AF185081

Für Maria Klepfer

meine Oma Mie

mit der alles begann

Mira Klepfer

Blätter,
die auf Zeilen fallen

www.tredition.de

© 2018 Mira Klepfer

Zeichnung Titelbild: Alina Maßell
Umschlaggestaltung: We Are Design, Karlsruhe
Verlag & Druck: tredition GmbH, Hamburg

ISBN
Paperback   978-3-7469-2089-4
Hardcover   978-3-7469-2090-0

Das Werk, einschließlich seiner Teile, ist urheberrechtlich geschützt. Jede Verwertung ist ohne Zustimmung des Verlages und des Autors unzulässig. Dies gilt insbesondere für die elektronische oder sonstige Vervielfältigung, Übersetzung, Verbreitung und öffentliche Zugänglichmachung.

Inhaltsverzeichnis

Menschen **8**
Nacht 9
Herzarchitektur.................................. 10
Im Ganzen Schlucken.......................... 12
Scherbensammler................................ 13
Herzenswasser 15
Du und Ich.. 16
Die Erinnerung.................................... 18
Gute Nacht Wunsch 19
Das trauernde Gesicht.......................... 20
Schimmerleuchten 22

Hell und Dunkel...............................**23**
Mut.. 24
Das Geräusch in der Ferne 26
Schöne Welt 27
Seitenfall.. 29
Laufendes Beben.................................. 30
Gehirnwäsche...................................... 32
Stockende Hoheiten.............................. 33
Auszeit.. 35
Ewigkeit 36
Gabelnde Gedanken............................ 38

Bewegung..**40**
Stille Reise.. 41
Im Norden.. 42
Aufgebrochen...................................... 45

Kühles Blut 46
The Christmas Market 48
Gedankenzukunftssprünge 49
Zustände 50
Trees fall from Leaves 51
Temperierte Ampelphasen 52
Die Worttat 54

Schlusslicht 55
Beim Ankommen angekommen - 17.04.17 56
Jahreswechsel 2017/2018 58

Menschen

Du siehst Mich, Ich sehe Dich.

Wir sehen uns und spiegeln.

Ich werfe mein Selbst auf Dich als

spiegelndes Licht

und darf deine Lichter tragen.

Nacht

Das Mitternachtsblau am Himmel

Der Mond ist blass

Der See liegt ruhig

Und mitten im Schilf

Sitzen wir beide

Hand in Hand

Gedanken tief

Jeder verloren

Und doch zusammen.

Herzarchitektur

Etwas sitzt fest in meinem Herzen
Du hast es dir dort gemütlich eingerichtet
Mit meinen Gedanken
multipliziertest du dich mehrfach
dabei eine Kombi schaffend,
welche Wurzeln geschlagen hat

Meine Herzkammerstübchen sind vollgestellt
mit einer Sicht auf dich
pulsierende Berge aus Eindrücken
Freude, Furcht, Liebe, Spannung, Reiz

Das Leben mit dir in meinem Inneren
führt ein Eigenleben, ein eigenes Leben.
Ich kann diese Schöpfung in mir nicht verdrängen

Man benötigt eine Landkarte,
um einen Weg
durch die verschiedenen Gefühlswelten zu finden,
die du in mir aufgebaut hast.

Diese Inselparadiese und verlassenen Bahnhöfe.

Ein Herzgewitter muss her
Das ist, was ich jetzt brauche

Anstelle dessen, lässt du mich weinen und lachen
und daraus spannt sich ein Regenbogen
und schlägt eine Brücke

Über die Berge und Welten
in meinem Herzen

Im Ganzen Schlucken

Auf das Ausrasten folgt das Einrasten
Ich falle aus meinem Raster und folge
einer neuen Spur, das Risiko
sitzt mir bissig im Nacken, mit Biss
soll ich bleiben und knacken, beim
genüsslichen Kauen, darum konservieren
anstatt das Raster mit Öl zu schmieren.
Es entgleitet sich alles in Monologen,
die einen gehen sich verlieren
die anderen quälen sich mit Ausdruck, den sie
extrapolieren
Der Halt ist nur im Aushalten
und Durchhalten gewahrt
die Emotionen derweil
auf dem Kocher übergegart.
Unfertig bleibt diese Schrift
Es bleibt nichts-über-alles-ist-offen.

Scherbensammler

Ich bin ein Scherbensammler.

Ein Scherbensammler.

Ich laufe an den Plätzen wo Menschen

die Bruchstücke ihres Lebens haben liegen lassen.

Vergraben sind sie, angespült.

Ein Teil der Seelen.

Ein vergessenes Puzzlestück.

Ist alles einfach kaputtgebrochen.

Wurde es geschlagen.

Sie sind schön, wie sie in der Sonne glitzern.

Schneidend scharf.

Die Waffe des Lebens.

Sie türmen sich um mich,

es sind so viele, sie spiegeln mich.

In der Hand sind sie kalt, wie Betrug so schwer.

Sie rufen durch die Nacht.

Ihre Besitzer sind es nicht mehr.

Die Geschichte liegt wie Staub

in unseren Lungen.

Die Scherbe lächelt in der Verzerrung.

Sie ist noch nicht fertig mit der Welt.

Etwas Großes, Ganzes sucht nach ihr.

Ich entwerfe ein Mosaik aus allen Brüdern und Schwestern.

Es ist Rot, Blau, Grün, Weiß, Schwarz.

Sie weinen manchmal, wenn es regnet.

Herzenswasser

Nebel.

Licht, aber man sieht nichts

Es ist still, die Zeit zum Denken

Meine Hände tasten

Meine Augen sehen in eine andere Welt

Eine vergangene

Eine, die doch dazugehört.

Alles rennt an mir vorbei

Ich spüre noch den Windhauch

Rieche noch den Duft

Sehe noch die Gesichter wie sie mir in

Erinnerungen blieben

Versuche die Stimmen zu hören

Die so wohl klingende Worte sagten

Ich erfühle das Herz dahinter.

Die Entfernung ist so groß und gewaltig

Und doch sind überall unsichtbare Fäden gespannt

Eine ausgestreckte Hand reicht über Ozeane

Und, durch den Nebel.

Du und Ich

Wir saßen in der Dunkelheit
Dachten an nichts nur an die Welt
Hörten lediglich der Stille zu
Spürten, was sie uns sagen wollte

Ganz leise bestand der Zauber
in allem um uns und mit uns
kein Sturm konnte uns wegfegen

Wir saßen im Regen
Mochten das Nasswerden
Schnell vergisst man das Leben zu fühlen
Wir wollten unseren Weg gehen

Ganz leise bestand der Zauber
in allem um uns und mit uns
kein Ungeheuer konnte uns verjagen

Wir kletterten auf einen Baum
Wollten fliegen

Doch wussten, dass Träume zerreißen

Ganz leise bestand der Zauber
in allem um uns und mit uns
keine Welle konnte uns wegschwemmen

All das hatten wir
Niemals
Immer
Nur wussten wir, dass wir aufbrechen würden

Manchmal allein
Manchmal zu zweit

Die Erinnerung

Die Erinnerung kann vieles machen.

Sie kann Dämme brechen

Mauern bauen

Samen streuen

Wunden aufreißen

Das Herz zum Fliegen bringen

Flut zu Ebbe machen

Und Ebbe zu Flut

Eines ist sie allemal, nämlich nachtragend

Doch kann sie eines nicht:

Frieden stiften

Gute Nacht Wunsch

Gute Nacht
Schlaf du sacht

Mit der samtblauen Weite
Im Innern

Durch das die Sterne am Morgen,
wenn du lächelst,

nach außen noch schimmern.

Das trauernde Gesicht

Meine Augen wanderten zu dem Punkt wo es war,
das trauernde Gesicht.

Es war auf einen gänzlich anderen Weg geraten,
als würde es von außen nicht mehr beeinflusst.
So als ob das Innere aus der Stirn heraus wie ein
Wasserfall als eine einzige Strömung alle anderen
Möglichkeiten der Mimik hinfort geschwemmt
hätte und alles dann zu Eis erstarrt wäre.

Zur Hälfte ist es aufgequollen, zur anderen
eingefallen. Ein schwarzer Schleier legt sich neben
den Augen ab und ist erst hinter den Ohren nicht
mehr zu sehen. Der Mund ist verschlossen
wie eine mächtige Tür, die nie wieder aufgeht.
Das Augeninnere ist im Moment des alles
bedeutenden Schrecks stehengeblieben wie eine
Uhr, die um Punkt Mitternacht plötzlich stillsteht.

Eine Unbeweglichkeit der Züge besteht überall, es ist als wolle sich das Gesicht in den Körper zurückziehen, um nicht mehr gesehen werden zu müssen.

Und doch muss das Leid vom Tageslicht beschienen werden, um deutlich zu machen, dass man auch lebend mit jemandem sterben kann.

Schimmerleuchten

Ich lebe hier
Ich lebe jetzt
Komm und spring auf,
auf meine Begeisterung
Sie nimmt dich Huckepack mit Wohlwollen
schleudert sie dich durch die Luft
bis alles nur und nur in Lachen aufgeht
bis wir die Welt einfach zu lieben lernen fähig sind
da wir ihr schlicht gegeben wurden.
Lauf mit mir und du vermagst es sogleich
ein Licht in mich hineinzulegen
Unsere Freudentaumel halten Händchen
und wir passen miteinander.
Wir sind ein Abenteuer ohne Erfindung der Zeit
Das Gefühl, hebt uns zwischen das Alles und das
Nichts
wo es uns verweilen lässt
Wenn wir es vermögen, unserer Veränderung
im Stillstand zu vertrauen.

Hell und Dunkel

Wo eine Seite ist, lebt eine Rückseite.

Wo ein Licht, da auch ein Schatten,

der seine Bahnen in die Landschaft legt.

Wirf die Münze.

Auf welcher Seite landet sie dieses Mal?!

Mut

Mut ist,

wenn man über sich selbst hinauswächst.

Doch Mut ist auch,

wenn man akzeptiert, dass man Grenzen hat.

Mut ist,

wenn man sein Leben und seine Gefühle laut

ausspricht.

Doch Mut ist auch,

wenn man dies ganz heimlich an jemanden

schreibt.

Mut ist,

wenn man seine Fehler sieht.

Doch Mut ist auch,

wenn man weiterhin an seine Stärken glaubt.

Mut ist,

wenn man es schafft, ehrlich zu sein.

Doch Mut ist auch,

wenn man sich der Lüge stellt.

Mut ist,
wenn man über einen Abgrund springt.
Doch Mut ist auch,
wenn man stehen bleibt.

Mut ist,
wenn man sich der Realität ausliefert.
Doch Mut ist auch,
wenn man sich in Traumwelten bewegt.

Mut ist,
wenn man eine Entscheidung trifft.
Doch Mut ist auch,
wenn man weiß, dass es nicht die Richtige ist.

Mut ist, wenn man widersteht.
Doch Mut ist auch, wenn man verzeiht.
Mut ist gut.
Mut ist, wenn man tut.

Das Geräusch in der Ferne

Komm, pack mich aus
Reiß meine Wände ein
Zerre an den Klebestreifen
Schaufele mein Inneres frei
Decke es auf, wühl darin herum
Sitze vornübergebeugt und entziffer mich
Schlag mit deiner unbändigen Wut
auf meinen weichen Kern
Zertrümmere die Hüllen, klopfe sie klein
und fackel sie dann alle ab
Zerknirsche auch die Fassade, lass nichts aus
Wirf alle Trümmer aus dem Fenster
Knall den letzten Brocken in den Container.
Dann schau meinen Rest an
Lächle, atme
und mach mich neu.

Schöne Welt

Es ist ein Trauerspiel
Die Schauspieler sind auf der Bühne
Doch keiner weiß, worum es geht

Alle haben Angst
Alle haben Zweifel

Jemand wird geküsst
Ein anderer sitzt stumm in der Ecke
Die Beleuchtung geht aus

Das Publikum schweigt wie ein Schwert

Der Kronleuchter fällt herunter und bricht entzwei
Die Geschminkten weinen
Alle sehen aus wie Gespenster

Jemand hat den Text vergessen

Gedankenfetzen fliegen durch den Raum

Der Vorhang flattert rot im Wind

Der durch das Fenster weht

Die Trompete rostet

Auf den Klaviertasten liegt Staub und

Alle schlafen

Der Applaus bleibt aus

Ein Taube kackt auf die Bühne

Schönes Leben, schöne Welt

Seitenfall

Ein Zipflein Glück und eine Tonne Pech.

Dauerglück gleicht Langeweile, meintest du.

Mit Langeweile käme ich klar, sagte ich dazu.

Er schwieg verdrießlich

und wrang das Zipflein aus.

Die Hände schwarz vor Pech, doch ein Funken

Glück im Bauch.

Es lag ihm schwer im Magen.

Mehr gibt's dazu nicht zu sagen.

Das Glück, das Pech,

zwei Prägungen derselben Medaille.

Ein Tag ist schwarz und einer ist golden.

Lass sie bloß nicht fallen, rietest du.

Sonst bleibt sie auf einer Seite liegen.

Und auch das Glück kann unverdaulich sein,

wisperte ich.

Genau, sagtest du.

Wehe sie bleibt auf der falschen Seite liegen.

Laufendes Beben

Aber so drückt das Gewicht der Welt
mit Macht auf ihre Augenlider
dass sogleich, wenn sie sich schlafen legen,
die Wolken um sie Nebel weben.
Denn sie leben in einer wässrigen Zuckerwattewelt
lassen sie sich fallen,
so fallen sie hindurch und auf das Geld,
es schwelt, denn es wird unter ihnen verfeuert
es hat den Teufel angeheuert und sendet
zum Himmel stinkende
Reichtumsrauchbotschaften ins Universum.
Es dreht die Menschen auf den Kopf herum
so dass nichts mehr von ihnen bleibt, sei´s drum
als vom Druck geplatzte, zermatschte Gehirne
doch Gehirne, die menschlich unsrigen Gestirne,
die sollte man nicht zum schnellen Laufen
zwingen, alsbald schon folgt das Ringen,
zwischen den Menschen
als ob sie mit sich selbst nicht schon
genug zu kämpfen hätten

an allen Schauplätzen ihrer Vergangenheit,

den erstarrten Stätten

mühselig abgerungenen Fühlens und Erlebens.

Lass mich nicht Zeuge werden dieses enormen

Bebens

wenn das alles bald,

durch einen Hauch beendet,

zusammenkracht

und sich die Augenlider zum letzten Male senken

in die schwarze Nacht

Gehirnwäsche

Ich liege auf der Straße

es regnet sehr stark

Mein Kopf liegt auf der Seite

es regnet barrierefrei in meinen Kopf hinein

Drinnen wird gespült, alles weggeschwemmt

Die Dynamitstangen, die Schlaftabletten,

Die Karusselle und die Laufställe,

alles verflüssigt sich mit dem Regen

und sickert aus meinem rechten Ohr heraus,

bildet eine Pfütze um meinen Kopf

Die Sonne kommt raus und meine verflossenen Gedanken

spiegeln sich ruhig in der Pfütze

Eine Amsel kommt vorbei und kostet

einen Schluck vom Geist,

trägt ihn mit sich fort.

Langsam verdunstet der Rest und meine Augen

verfolgen die Dampfwölkchen.

Als nichts mehr da ist, stehe ich auf,

in mir schimmert es und gehe,

das Leben nimmt seinen Lauf.

Stockende Hoheiten

Ich stehe auf dem hohen Turm in der Nacht

die Augen zu, der Beton wiegt sich sacht

zwischen den windigen Wallungen, ich weiß

nicht mehr wie ich hierhergekommen, der Schweiß

aus allen meinen Poren emporgeklommen, ohne dabei

Zu verstehen, und weiter nur Sonnen, die um die

Erde kreisen, Welten, die sich an Welten aufreiben

und ich mittendrin, der Schmerz entfacht

woanders ein Feuer, ich gehe voraus, nur noch

Ungeheuer, wo ich stehe da wiegen sie mich

in den Schlaf, ein Stein, der die großen Kreise

im Wasser traf, alles stockt und alles hält

sich auf, dem Verlauf zu entgehen, sieht kein

Mensch voraus, wie auch ohne Augen nach

Innen, noch nicht mal möglich dem eigenen

Außen zu entrinnen, die Dynamik setzt sich

ein, ohne auszustehen, was sie angerichtet hat,
hier,

zwischen zwei Blatt Papier und einem losen
Gedanken

zanken alle mit mir, in mir, aus mir, von mir

zu bleiben oder für ewig sich zu verranken

Auszeit

Ich sollte tausend Dinge tun,
ich sollte niemals ruhen.
Doch ich sitze einfach da,
mein Blick ist starr.
Verharre minutenweise in meiner Seele,
ohne dass ich mich mit meinen Pflichten quäle.
Das Herz,
es braucht auch manchmal
ein wenig Zeit für den Schmerz,
sodass die Freude doppelt kann folgen,
und mir dadurch ihren Wert vergolden.
Alles, was ich zu greifen vermag,
liegt dann in der Luft an einem sonnigen Tag.

Ewigkeit

Ich sehne mich so viel
Dass meine Sehnsucht fast schon greifbar wird
Alles und Jedes erinnert
Alles und Jedes macht mich so wunderbar frei

Ich schließe meine Faust und lasse
Den Funken Glückseligkeit
Den ich drinnen eingesperrt habe
Nie mehr raus

Ich spanne einen Faden
aus flüssigen Regenbogenfarben
Werfe ihn aus wie eine Angelrute
und warte auf den Haken

Doch alles was ich sehe ist Kraft,
die balancierende Spannung schafft

Ich schließe meine Faust und lasse
Den Funken Glückseligkeit

Den ich drinnen eingesperrt habe

Nie mehr raus

Ich schaue Emotionen beim Verblassen zu

Will ihnen hinterherrennen

Doch verblasse ich nur selbst

Vergebens ist Begierde

Die Faust öffnet sich ganz langsam

Ein kleines Licht entweicht

Und ich weiß es war für immer

Gabelnde Gedanken

Die Geister und der Regen
Die Schwüle lässt all dies in
meinen Lungen kleben

Träume vom Leben
Alles im Gehen begriffen
rüttelt den Ankergrund lose

Kein Geheimnis mehr aber Arme
voller Geborgenheit und so seh ich
Zeit kommen und gehen

Mein Körper durchströmt von Musik
reißt alte Wunden auf und
macht neue Erinnerungen bunter

Ein Wunder und blaue Blümchen
und ein Holzscheit gespalten
mit scharfen Emotionen

Atmung, klare Luft, klarer Grund
Abendsonne wird getilgt
vom träumenden Schlund

Abschiede säen sich aus und
ich baue mir ein alles-bleibt-so Haus
Türen und Fenster sind auf der
einen Seite mit Unsicherheit und auf
der anderen verwegen blühende Zuversicht

Ein Feuersalamander,
den vergisst man nicht.

Bewegung

Bewegung ist eine Kraft,

die alles schafft,

die alles erst möglich macht.

Bewegung bedeutet Energie,

bewirkt Veränderung,

kreiert Anfänge und Enden.

Alles Leben bewegt.

Stille Reise

Ich habe ein Geheimnis versteckt
Die rauen Winde wehten es für mich fort
Sanft plätscherte es bald in einem Bachlauf davon
Stoppte erst,
als es sich in der Trauerweide verhakte
Woraufhin es ein Vogel schnappte
und im Flug mit sich trug
Er ließ es fallen über einer Wüste
Dort verkroch es sich unter einen Stein
Und leistete den Schlangen Gesellschaft
Über die Dünen wanderte es weiter
Bis zur salzigen Küste
Tauchte ab in die blaue Unendlichkeit
Und ward nie mehr gesehen

Im Norden

Ein tiefes, tiefes Grün.
Ein Pünktchen von Gelb.
Ein Stein, der sanft ins Wasser fällt.

Der Geruch von Feuerrauch
und Nacht,
der uns die Phantasie anfacht

Das Knistern und Rauschen
Das Plätschern und Lauschen

Die wohlige Fülle
in der flüsternden Stille

Die Gedanken beisammen
ein einsamer Weg
am Rande die verwinkelte Birke
ehrfurchtsvoll steht

Silbernes Leuchten
Die glanzvollen Augen
Ein Meer voller Träume
Das Herz hält den Glauben

Das Wasser im Winde
schwarz und gekräuselt
ein zaghaftes Wispern
von den Bäumen her säuselt

Die Ruhe verschluckt und
bringt Neues hervor
und man lässt endlich das los,
was man schon lange verlor

Beschwingt und erfreut geht man von dannen
man atmet, man sieht und schaut
in die Kronen der Tannen

Man lacht und man weint
Man redet und warm die Sonne scheint

Ein Sprung ins Nass
so locker und voller Mut
Das duftende Gras
Die Stimmung ist gut

Das Holz, das knarrt
und der Abend, der naht

Wir liegen auf dem weichen Boden
Die Welt wird ganz klein und wir
schauen nach oben

Zu den Sternen, die leuchten am Himmelszelt
wir gäben sie gewiss nicht her
für kein Geld der Welt

Die Sehnsucht und die Reise gehen Hand in Hand
ist die eine zufrieden und wird leise,
zieht sie die andere weiter durchs Land.

Aufgebrochen

Mein Bus

er fährt ins Niemandsland

Dorthin wo mein Geist schon war

Die Straße ist gerade

Meine Gedanken staubtrocken

Mein Bus fährt bis es dunkel wird

Und auch dann noch weiter

Mit frischem Mut

aus der Nachtluft eingeatmet

Weil die Sonne nicht mehr da ist

um mich zu verhöhnen

Denn hinter mir ist auch etwas gestorben

Das findet sie amüsant, die Sonne

Der Mond aber glücklicherweise,

der gähnt nur leicht.

Kühles Blut

Im Spiegelglanz und Flatterlicht
bei kalten Winden und finstren Abenden
wird die Sehnsucht nach der Heimat wach
Dieser fernen Wahrnehmung eines Ortes,
der immer gleich bleibt in Raum und Zeit

Ein Teil, der angewachsen ist,
den man erst kennt, wenn er nicht mehr da ist,
an dem so vieles hängt
Mein ganzes bisheriges Ich,
spielte sich in diesem Universum ab

Ein Universum der unbewussten Naivität
eins der stillen Kenntnisnahme
eins der immer kehrenden Landschaften
ein Universum der Selbstverständlichkeit

Der neue Raum ist so anders
etwas pulsiert wie frisches kühles Blut
in meinen Adern
ich sehe alles und ich streife durch die Gegend
doch ich bin nichts

Wenn ich drüben schon alles dadurch bin,
dass ich dort bin,
weil alles was dort ist auch ich war
wo ich alles gab und alles nahm
was es zu geben und zu nehmen gab

The Christmas Market

In a day after – noon
the moon climbs high in
the sky may – be still
I am standing here, waiting
for something to sell
my own lifetime – white
flakes, milk in the bowl
for breakfast to have –
not to sweat while driving in
the same way, melting together
my thoughts go hand in hand
with the snow and the Christmas
Ho Ho Ho

Gedankenzukunftssprünge

Das lange Warten hat endlich ein Ende.
Ich spüre es, ich bin angekommen.
Eine Idee erklimmt meine Wände.
Mein Gefühl hat es vernommen.

Es bedurfte der Kraft, dorthin zu gelangen.
Manchmal auch neben seinem alten Ziel zu stehen,
Doch jetzt ist mein Blick nicht mehr wolken-
verhangen. Und ich darf zufrieden auf dem neuen
Wege gehen.

Ich weiß nicht für was meine Zukunft bereit ist.
Aber ich vertraue einer Kraft,
Die immer zu wissen scheint, wann es soweit ist,
Und mir ein wenig Zuversicht verschafft.

Das, was kommen soll, wird so kommen
Auch wenn`s nicht so war wie gedacht
Hab ich daraus etwas gewonnen
und ein Feuer ist entfacht.

Zustände

Eine Leere kann voll sein
Eine Weite bedrückend.
Das Leben kann toll sein
Der Schmerz entzückend.
Die Sonne kann grau sein
der Mond rot.
Die Erde kann laut sein
der Mensch tot.
Der Gegenstand kann schnell sein
der Körper starr wie Eis.
Quadrate, die sich drehen...
Kugeln, die nicht vorwärtskommen...
Menschen, die atmenlaufenschlafenfallenhallen-
schreienliebenfliegensind-
landen und fortgehen.
In ein Dunkel, das hell ist.
Vielleicht.

Trees fall from Leaves

In my head the highest frequency

Clouds collapse on my way

Supposed to stay

But autumn´s coming

cuddling melancholic drifts

Spring´s hugs are waiting on the other side

too hard for soul and mind

to just let go and feel the moment

Rock-Paper-Scissors all a game

tall trees the heart´s home in between

Don´t know where I am right now

Feel lost and home at the same somehow

Temperierte Ampelphasen

In mir bewegt sich alles
Ich laufe die Straße auf
Ich laufe die Straße ab
In kühler Dunkelheit
Lichtschatten, Trichterlichter
Wo ist der Weg?

Der Zitronenbaum ist kahl bis auf die Zitronen
In mir steigt Wärme auf und strahlt nach draußen
bricht aus gegen die Kälte
Den gefühlten Atemschatten

Eine Katze will mich nicht, ich laufe
Grüne und rote Ampelmännchen kreuz und quer
Kinder in der Dunkelheit
ich bin rausgewachsen aus mir selbst
bin mit Gefühlen betrunken
aus meinem Innern wollen sie nach draußen

aber da ist kein Platz

die Welt hat keinen Platz für das,

was ich zu bieten habe.

Keine Königskerzen mehr, nur bald Winter

ich will diese Zwischenräume nicht

Jetzt – jetzt – jetzt

Die Worttat

Ich habe dir geschrieben
Mein Leben fiel auf das Papier
Es wand sich in Worten
und floss wie ein Fluss über die Seiten
immer weiter, immer strebend
die Buchstaben schlossen Freundschaft
meine Seele war zwischen den Zeilen zu lesen
Im Herzen malten sich die Sätze selber bunt
All mein Lebenswille rann
durch meine Fingerspitzen
direkt in deine Welt hinein
Eine erdachte Oase der Zeichen voller Glück
fliegt zu dir und wieder zurück

Schlusslicht

Klappe zu.
Leben an.

Beim Ankommen angekommen - 17.04.17

Bin ich angekommen? Nein. Ich fange jetzt damit an mir Gedanken ums Ankommen zu machen. Die ersten Wochen war ich einfach da und um mich rum tobte irgendein Leben. Offenbar mein Leben. Ich jedoch bin in einer Blase mit gläserner Haut. Sehe die Außenwelt aber schwebe drin rum. Ab und zu klatscht mal dies und das an die Glaswand und das registriere ich, aber kann es noch nicht aufnehmen und integrieren. Dieses Land ist mir zu voll. Menschenmassen überall. Eindrucksmassen. Gehirn wieder auf Selektion programmieren. Das Dasein überrennt mich mit Komplexität.

Was bleibt mir zu tun. Arbeiten und Geld verdienen ist in dieser Welt irgendwie wichtig und notwendig. Also werde ich suchen. Im Netz und im Wald. Denn da möchte ich am liebsten hin. In den Wald. Mal sehen. Keine Karriere und kein Studium. Die Theorie macht mir Rückenschmerzen. Die Wissenschaft muss erst ihre Prinzipien überden-

ken und von ihrem überheblichen Ross hinunter-
steigen.

Ich brauch den Wind in meinem Ohr und das
Grün im Auge. Das Vertrauen in das Gute der
Menschheit. Dass es da ist. Dass es mehr Liebe in
der Welt gibt, als Hass. Ich will aussteigen aus der
großen medialen Angstmaschinerie. Keine Nach-
richten mehr. Verstopft nur den Kopf und schnürt
das Herz zusammen. Und das ist bei Zeiten von
ganz alleine schwer, wenn es will.

Ich wohne nun in der Stadt im Wald und so mag
ich es sehr gerne. Ein paar Spechte und Eichhörn-
chen sind immer da. Mein Zimmer wartet auf Kre-
ativität, die Fotos von menschlicher Begegnung auf
ihren Platz an der Wand.

Jetzt geht`s hier wohl wieder los. Aber es geht ja
immer los. In jeder Sekunde von Neuem.

Jahreswechsel 2017/2018

Eine Zeit geht

Träume kommen und wehen

in die Zukunft, verteilt

Lose im Meer der Möglichkeiten

Es bleibt der Wind, der Gedankenwirbel-

Wind, der immer gleich im Strom der Taten

mir doch nicht wird können verraten

wo es uns hinführt im Raum der Schwer-

Kraft- Spanne, der vollen Kanne

Wahrheit in der Lüge, und betrüge

dich nicht selbst, sonst wälzt

du nur im Kreise, die wegweisenden Verheiße

Die Autorin

Mira Klepfer, geb. 1993, wuchs in einem kleinen Dorf in Nordhessen bei Kassel auf und zog für den neuartigen Studiengang Sport - Gesundheit - Freizeitbildung nach Karlsruhe.

Ihre lese- und schreibbegeisterte Oma nahm sie schon als Kind in die weite Welt der Worte mit, in der Mira heute noch liebend gerne wandelt. Während einer langen Neuseelandreise fiel für sie endgültig der Entschluss, einige ihrer über die Jahre gesammelten Gedichte in einem ersten Lyrikband zu veröffentlichen.

Feedback zu den Gedichten gerne an:

schreibfederleicht@web.de

FSC
www.fsc.org
MIX
Papier | Fördert
gute Waldnutzung
FSC® C083411

Zeitfracht Medien GmbH
Ferdinand-Jühlke-Straße 7
99095 Erfurt, Deutschland
produktsicherheit@kolibri360.de